HENRI

REGNAULT

Joseph Blanc

HENRI REGNAULT

1843-1871

PAR

GUSTAVE LARROUMET

DIRECTEUR DES BEAUX-ARTS

PARIS

MAISON QUANTIN

7, rue Saint-Benoît

1889

AVANT-PROPOS

AVANT-PROPOS

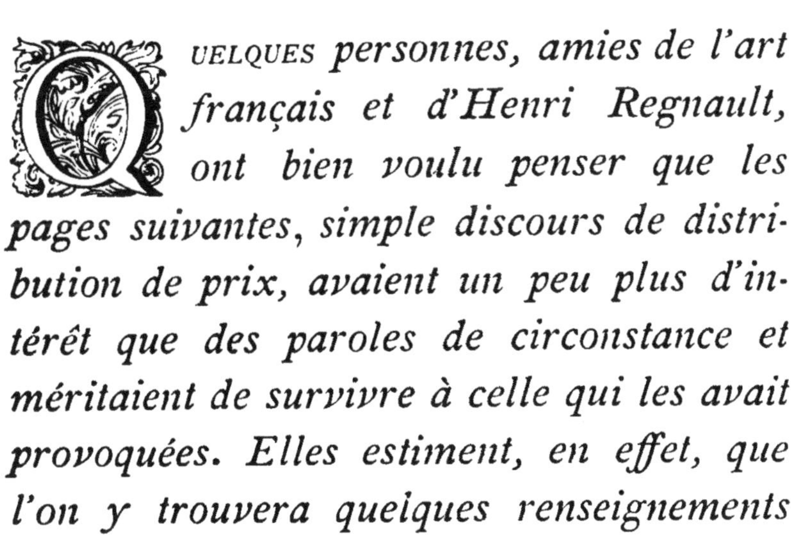

Q UELQUES *personnes, amies de l'art français et d'Henri Regnault, ont bien voulu penser que les pages suivantes, simple discours de distribution de prix, avaient un peu plus d'intérêt que des paroles de circonstance et méritaient de survivre à celle qui les avait provoquées. Elles estiment, en effet, que l'on y trouvera queiques renseignements*

nouveaux sur la jeunesse du grand artiste et les circonstances de sa mort.

Je les publie donc avec quelques notes explicatives, et d'autant plus volontiers que cela m'est surtout un moyen de publier aussi diverses lettres qui m'ont servi à les écrire et qui feront le prix de cet opuscule. Ces lettres sont dues à l'obligeance des anciens maîtres et des premiers camarades de Regnault. Le lecteur appréciera bien vite, sans que j'y insiste autrement, la valeur singulière de ces témoignages, apportés sur un même objet par des hommes de caractère, de profession, de talent très opposés, mais d'où se dégage, néanmoins, une même impression. Il y prendra, j'espère, quelques nouvelles raisons d'estimer cette Université de France, riche en excellents maîtres, en esprits d'élite, en écrivains distingués, et si modeste, comme aussi la rare valeur morale de quelques amitiés formées par Regnault.

Outre ces communications écrites et les travaux imprimés que je cite dans les notes, j'ai pu longuement causer du jeune maître avec ceux qui l'avaient le plus intimement connu et compléter ainsi l'idée que j'avais de lui. La substance de ces conversations a passé dans mon discours et je souhaite que le lecteur retrouve dans celui-ci un peu du vif plaisir qu'elles m'ont procuré.

M. Bréton, propriétaire du beau dessin de M. Bida, représentant Regnault en uniforme militaire, m'a gracieusement permis de le faire reproduire, et on en voit le fac-similé en tête du présent travail. M. Georges Clairin, qui avait pris, au cimetière du Père-Lachaise, le moulage du masque sur le cadavre rapporté de Buzenval, a eu l'obligeance, lui aussi, de le mettre à ma disposition et d'en autoriser un dessin qui, reproduit par le même procédé, est l'œuvre de M. Joseph Blanc, ancien camarade de Regnault, comme pen-

sionnaire de l'Académie de France à Rome.

Je leur exprime à tous mes sincères remerciements.

G. L.

HENRI REGNAULT

DISCOURS

PRONONCÉ A LA DISTRIBUTION DES PRIX
DU LYCÉE HENRI IV

HENRI REGNAULT

DISCOURS

PRONONCÉ A LA DISTRIBUTION DES PRIX
DU LYCÉE HENRI IV

CHERS ÉLÈVES,

Il y a cinq ans, à pareil jour, j'avais l'honneur de prendre la parole à la place même d'où vient de vous être adressé un discours d'une inspiration si élevée, d'une pensée si ferme et où notre langue, c'est tout dire, est exaltée d'une manière digne d'elle. Votre proviseur, un de mes plus anciens amis, avait bien voulu se souvenir que j'avais débuté dans l'Université sous sa protection et demander au Ministre de me confier la suppléance de mon ami Henri Chantavoine. J'ai donc passé un semestre au milieu de vos maîtres, dans cette famille de Henri IV, une des plus aimables auxquelles il m'ait été donné de m'affilier. A la fin de cette période trop courte, je voyais mes élèves remporter au concours général les deux prix d'honneur de rhétorique, avec un mélange de confusion et de fierté, car je ne pouvais me dissimuler que je réalisais le *sic vos non vobis,* et, en même temps, j'étais heureux que la moisson si bien préparée n'eût pas séché entre mes mains.

Depuis, des circonstances imprévues qui, si elles répondaient à mes goûts les plus chers, dépassaient mes espérances les plus ambitieuses, ont fait de moi un administrateur, sans rompre mes liens avec l'Université; votre proviseur a deviné que j'aurais grand plaisir à retourner au milieu de vous et, pour la troisième fois, il m'a témoigné la plus délicate amitié, en me désignant au choix du Ministre pour présider cette séance solennelle.

Le moi est toujours haïssable. Excusez donc ce préambule; j'étais bien obligé de vous expliquer ma présence, en vous disant quels liens m'unissent au chef de cette maison, aux collègues dont j'ai retrouvé le souvenir constant et la main tendue, à vous, enfin, les dignes successeurs de ceux dont je suis fier d'avoir été le maître.

Car si j'ai quitté Henri IV au milieu d'une victoire, je le retrouve en plein triomphe. Vos concurrents ont eu beau grandir autour de vous et amener en ligne des bataillons toujours grossissants, il ne vous suffit pas de maintenir votre rang; vous avancez encore vers le premier. Au concours général vous retenez la plus difficile des victoires, à l'École normale vous fournissez une large part de sa promotion. Je vous félicite, jeunes gens, et je partage votre joie avec une solidarité cordiale, puisque j'ai eu l'honneur de combattre avec vous.

Enfin, pardonnez-moi ce dernier retour vers mes souvenirs de Henri IV. En songeant aux paroles que je devais vous adresser, un souhait que j'avais exprimé ici me revenait en mémoire. Parlant à vos devanciers de leurs anciens, je leur citais ceux qui, après avoir grandi à l'ombre de la tour de Clovis, s'étaient fait un nom illustre, et, rencontrant dans cette énumération le nom d'un grand peintre, Henri Regnault, mort à vingt-huit ans sous les murs de Paris en combattant l'envahisseur, j'exprimais le souhait que vous puissiez voir un jour, dressé dans une de vos cours, le buste du jeune héros, vous proposant l'image du premier de vos devoirs, le dévouement à la patrie. Aujourd'hui, ce m'est une obligation de rappeler moi-même le vœu que je formais alors sans espoir de réalisation prochaine. Un Ministre qui vous connaît et vous estime, car il a voulu que son fils fût votre camarade, m'a permis de tenir la promesse tacite par laquelle m'engageait la rencontre de mes paroles d'autrefois avec mes nouvelles fonctions. Il m'a donc autorisé à vous promettre, en son nom, le buste d'Henri Regnault, et, à la rentrée prochaine, vous verrez ici la tête charmante et fière que *la Jeunesse,* de Chapu, couronne au fond du cloître de l'École des beaux-arts.

En attendant, la carrière scolaire de Regnault et sa mort glorieuse me fournissent le sujet de mes paroles présentes, et je vous demande la permission de vous retracer brièvement l'une et l'autre.

I

Entre ses maîtres, plusieurs, après avoir enseigné ici, sont arrivés aux plus hautes fonctions de l'Université. M. Victor Duruy, le grand Ministre de l'instruction publique, M. Gréard, l'éminent psychologue, l'administrateur hors de pair, M. Lenient, mon excellent maître et collègue à la Faculté des lettres, M. Baillon, le savant professeur de la Faculté de médecine, ont bien voulu me dire quelle impression leur était restée de leur élève, et je ne fais que résumer leurs souvenirs. J'ai consulté aussi ses camarades, M. Jodin, qui enseigne près d'ici, à Louis-le-Grand, Georges Clairin, qui le suivit de l'École des beaux-arts en Espagne, au Maroc, sur le champ de bataille, et dont la mort seule a pu le séparer. Tous s'accordent à peindre des mêmes traits cette figure héroïque. Sur les bancs où vous êtes, Henri Regnault était le plus aimable et le plus gai des enfants de Paris, l'intelligence la plus prompte et la plus vive, le cœur le plus généreux, le caractère le plus loyal et le plus droit; être d'élite offrant en germe toutes les qualités essentielles qui promettent chez l'enfant un homme de premier ordre.

Dès qu'il fut en âge de voir et de comprendre, le futur peintre éclatait en lui et toutes ses facultés étaient tournées vers un même but : observer la nature et la vie, les saisir dans leur vérité complète, évoquer le passé, fixer le présent et surtout pénétrer l'âme des êtres et des choses, saisir derrière les formes la cause intérieure qui les façonne. Dans les auteurs que ses maîtres lui expliquaient, ses goûts allaient aux plus simples et aux plus forts. Peu sensible aux gentillesses de forme ou de pensée, épris, au contraire, de vérité et de grandeur, son admiration le portait vers les esprits mâles et fermes : il se passionnait pour Homère et la Bible, qui devaient rester ses lectures favorites et ses bréviaires de voyage; la noble mélancolie et l'épicurisme stoïque de Lucrèce le transportaient; il s'inquiétait de la source de cette pensée profonde et demandait avec insistance comment un tel poète s'était formé.

Entre tous les exercices scolaires, celui qu'il préférait, c'était l'explication, la lecture directe des auteurs. Quand il prenait la plume, il accusait, même involontairement, le dédain de tout ce qui est terne et banal : si le sujet proposé ne lui disait rien, si son cœur ou son imagination n'étaient pas touchés, il était stérile et sec; avait-il saisi et compris, l'idée jaillissait, la forme se colorait et plusieurs de ces exercices d'enfant ou de jeune homme offraient une ampleur de développement que l'un de ses maîtres n'hésite pas à qualifier de « superbe ».

L'artiste pur se montrait déjà dans les préférences que lui inspirait tel ou tel exercice scolaire et les succès qu'il leur devait. Vous n'aimez plus guère les vers latins, me dit-on, et je crois que vous avez tort; Regnault les aimait beaucoup. La recherche patiente du mot juste, la nécessité de faire entrer le plus de sens possible dans une forme limitée, la conduite ingénieuse du développement et de la phrase, les efforts auxquels oblige le vers latin honnêtement pratiqué, les qualités qu'il exige ou qu'il développe expliquent le goût de Regnault et condamnent vos dédains. En rhétorique, il obtenait un prix dans cette faculté, avec un petit chef-d'œuvre de couleur et de souplesse, *le Charmeur de serpents,* où l'élégance effrayante de ses modèles, l'enroulement des anneaux, le chatoiement des écailles, étaient rendus avec la vigueur d'un peintre et la précision d'un poète.

Il montrait enfin dans ses exercices classiques une faculté maîtresse, qui n'est pas plus commune chez les artistes que chez les littérateurs, le sentiment des ensembles la subordination de la partie au tout, le dédain du détail caressé pour lui-même; il savait composer.

Ainsi, sentiment personnel, observation directe, science de la composition, voilà ce que Regnault développait en lui par l'éducation classique, avec la plume et le crayon, car il dessinait déjà beaucoup. Tout enfant, à cinq ans, il reproduisait sur le papier ce qui l'avait frappé dans ses promenades, de préférence les animaux, qu'il observait avec une attention pénétrante, comme Géricault à son âge. Externe et libre de ses loisirs, il passait de longues heures au Jardin des plantes, devant les cages des fauves, ne se contentant pas de les copier et combinant déjà leurs attitudes avec un mélange surprenant de vérité et d'invention, jetant un tigre sur un cheval, des chiens sur un cerf, attelant des bœufs dans l'effort du travail. Pendant les vacances, il étudiait le chenil de Meudon et les écuries de Saint-Cloud, et, dans son désir de serrer les formes de plus près, modelait en terre glaise un cheval dont la belle construction l'avait frappé. Au lycée, il chargeait de croquis les marges de ses livres ou dessinait, avant de l'écrire, le sujet qu'il devait traiter. Beaucoup de ces essais sont malheureusement perdus; il nous reste, cependant, de grandes esquisses au fusain des batailles d'Issus, d'Arbelles et de Rocroi, mêlées furieuses de cavalerie, qui promettaient un grand peintre d'histoire, avec l'énergie d'un Delacroix et un scrupule de dessin que le grand romantique n'a malheureusement pas connu. Après une lecture de Tacite, il remettait à M. Victor Duruy une

Mort de Vitellius qui n'était pas indigne du modèle et que le professeur s'empressait d'envoyer au père, « en prophétisant, je répète ses expressions, qu'un grand artiste nous était né ».

Messieurs, on accuse parfois notre éducation universitaire de manquer de souplesse, d'imposer le même moule à tous les esprits et la même règle à toutes les natures. Voici pourtant un élève assez fantaisiste, qui n'a guère été gêné dans son développement. Il arrivait quelquefois à Regnault de remplacer un devoir par un dessin ; cela ne l'empêchait pas, en fin d'année, de remporter sa large part de récompenses, et ses professeurs ne lui en voulaient pas trop de quelques irrégularités dans le travail. L'un se contentait de sourire et mettait le dessin en lieu sûr, en quoi il était fort avisé ; un autre, comme M. Victor Duruy, l'envoyait à la famille, avec une marque d'espérance et de sympathie ; un troisième corrigeait un anachronisme ou relevait un détail risqué ; aucun d'eux ne songeait à contrarier cette vocation naissante. Ayez seulement du génie, mes chers amis, et vous verrez comme vos maîtres seront accommodants.

Celui dont l'antiquité inspirait ainsi les premiers essais devait, cependant, être surtout un artiste épris de vie moderne, d'impression personnelle, de choses vues directement. L'éducation classique ne tue donc pas toujours, comme on le dit volontiers, l'originalité et le sens du réel au profit de l'esprit d'imitation. Nombre d'artistes se piquent aujourd'hui de s'interdire toute évocation du passé, tout effort d'imagination; le vrai peintre, d'après eux, ne saurait que copier. D'autres estiment, au contraire, que même dans les sujets contemporains l'observation ne doit être qu'un moyen, l'invention restant le but suprême. Je crois que ceux-ci ont raison. L'humanité, selon une belle parole, se compose de plus de morts que de vivants; jouir du présent ne suffit pas, il faut remonter dans le passé pour embrasser toute la vie humaine. Il y a, dans chacun de nous, assez d'influences héréditaires pour nous permettre de supposer, sans mensonge, ce qu'ont fait les hommes d'autrefois; ce pouvoir de résurrection est le plus noble privilège de notre nature, et, sans le souvenir, sans le sentiment de la solidarité humaine à travers les âges, nous tomberions de plus d'un degré.

Regnault emportait donc du lycée, Messieurs, cette forte éducation classique et ce goût de l'antiquité sans lesquels il peut y avoir, je le reconnais, de grands hommes et de grands artistes, mais qui, jusqu'à présent, est encore un des plus sûrs moyens d'aider, sinon de susciter le talent ou le génie. Il écrivait quelques années après : « Plus je lis l'antiquité, plus je vois que deux hommes seulement, parmi nos contemporains, l'ont comprise : Ingres et Delacroix. Presque tous les sujets ont été traités cent fois chacun ; suivant moi, ils sont neufs et toujours neufs, et peuvent être présentés maintenant d'une façon intéressante pour tout le monde. C'est si beau, l'antiquité ! » L'éducation qu'il avait reçue ici lui permettait cette profession de foi ; il n'avait pas besoin d'ériger l'ignorance en esthétique.

Les facultés dont nous venons de constater l'eveil, l'École des beaux-arts et l'atelier les développèrent avec une rapidité dont je ne connais pas d'exemple aussi surprenant dans l'histoire des maîtres les plus précoces. Ses portraits, ses natures mortes ou vivantes, ses paysages, ses études historiques de ce temps-là sont plus que des essais; plusieurs sont des œuvres définitives. La passion de la lumière et de la couleur s'était éveillée en lui : « Si le poète, écrit-il, aime l'hiver, les veillées au coin du feu, nous autres peintres nous abhorrons tout ce qui n'est pas la lumière, la belle lumière, le beau soleil, la belle chaleur qui nous permet de travailler en chemise et en pantoufles. Nous ne pouvons pas peindre, les pieds dans une chancelière; il nous faut la liberté de nos mouvements, il nous faut le ciel bleu. Peut-être plus tard, dans mes voyages, trouverai-je un climat plus égal que le nôtre, où le bleu sera toujours au-dessus de moi. *Haine au gris!* C'est là mon cri de guerre. »

J'admire comme vous, Messieurs, cette profession de foi pleine d'élan. Pourtant, je serais tenté de discuter un peu le « cri de guerre » final. A le mal comprendre, on risquerait de s'égarer. Regnault voulait dire que les tableaux doivent être colorés, et il avait raison; mais il ne faut pas proscrire absolument le gris. Ce peut être une jolie couleur et capable de grands services. Sans elle, en effet, il n'y a ni demi-teintes, ni clair-obscur, ce double charme de la peinture; il n'y a pas davantage de modelé énergique, car le relief s'obtient par la gradation des valeurs, l'opposition des ombres et de la lumière, la distinction des plans, et tout cela c'est du gris. La palette d'où le gris est absent ne connaît guère la délicatesse et risque de fournir de la brutalité lorsqu'on lui demande de la vigueur. Or, si j'avais à apprécier complètement le talent de Regnault, je serais bien obligé de vous dire que le relief et la perspective lui ont manqué parfois. Aimons la couleur et la lumière, qui sont la vie de l'art, mais ne détestons pas le gris, qui peut en être le charme; soyons forts, si nous pouvons, mais tâchons d'être fins; sans cela, nous ne serions qu'à moitié Français.

Mais je ne veux pas discuter, Messieurs; je ne songe pas même à vous dire ce que fut la glorieuse carrière de votre camarade, avec quelle fécondité et quelle force, en quatre ans, de l'École des beaux-arts au champ de bataille de Buzenval, il obéit aux trois inspirations qui se partagèrent la direction de son talent : l'antiquité, avec *Véturie et Coriolan, Orphée aux enfers, Thétis et Achille, Automédon, Judith et Holopherne;* la vie contemporaine, avec le *Portrait de Mme Duparc, la Madrilène,* le *Toréador, Juan Prim;* l'Orient, avec *Salomé,* le *Départ pour la fantasia,* l'*Exécution à Grenade,* la *Sortie du pacha.* Après Ingres et Delacroix, on pouvait espérer que cette succession d'œuvres, dont plusieurs sont des chefs-d'œuvre, allait inaugurer une nouvelle école de l'art français; ce qui était certain, c'est qu'il y avait là un génie déjà maître de lui-même, possédant au suprême degré le sens de la couleur et de la lumière, la science de la composition, l'amour de la vie et de la vérité, qualités communes en tout temps chez nos peintres, mais auxquelles il joignait l'originalité profonde qui fait les novateurs. Si vous voulez bien connaître Regnault, adressez-vous aux maîtres qui ont jugé chacune de ses œuvres dès leur apparition et aux écrivains attirés par cette noble figure; et puissé-je simplement vous inspirer le désir de l'étudier avec eux.

II

Il ne me reste donc plus qu'à vous dire comment il est mort. La nouvelle de la guerre fatale le surprit en Afrique, à Tanger, où il comptait passer de longs mois avec Georges Clairin, méditant et préparant de grands travaux. Exempté du service militaire par le prix de Rome, il n'a plus qu'une pensée : courir au secours de la patrie, si la victoire ne lui est pas fidèle. Vous savez quelle série de revers la fortune nous réservait en quelques jours ; il les pressent et se prépare au départ : « Je voudrais bien être à mon poste, écrit-il, et, si les choses vont mal, je n'y serai pas le dernier ! Un être inutile à son pays ne doit plus se rencontrer en France, sous aucun toit. Il est du devoir de tous de marcher et de soutenir honorablement son titre de Français, qui ne doit pas devenir synonyme d'égoïsme, de lâcheté, de mollesse. »

Quelques jours après cette lettre, il est à Paris et s'engage dans les bataillons de marche. Tandis que ses camarades, soldats improvisés comme lui, apprennent leur métier à la hâte, cette attente est trop longue pour son impatience; il brûle de voir l'ennemi de près. Il passe donc dans une compagnie de francs-tireurs et fait le coup de feu aux avant-postes; puis, lorsque ses premiers compagnons d'armes sont en état d'entrer en ligne, il reprend sa place au milieu d'eux et refuse le grade qui lui est offert : « Vous avez en moi un bon soldat, dit-il à son capitaine, ne le perdez pas pour en faire un officier médiocre. » C'est, en effet, un bon soldat, acceptant tout, besognes, fatigues et dangers, tantôt avec une résignation stoïque, lorsque l'inutilité de l'effort lui apparaît dans une heure de clairvoyance, le plus souvent avec la bravoure insouciante et la bonne humeur de notre race, avec cette confiance obstinée que nous avions tous au cœur et qui nous défendait de mettre en doute les destinées de la patrie.

Le siège se prolonge, au milieu de la neige et du froid; Regnault couche dans la tranchée, avec ses camarades que l'on relève gelés. Dans les intervalles des combats, il court à Paris et reprend ses pinceaux pour exécuter de merveilleuses aquarelles où il s'efforce, par l'évocation de l'Orient et du soleil, d'oublier le ciel livide qui pèse sur sa tête. Puis, un matin, dans les brouillards de janvier, il monte à l'assaut d'un mur qui vomit le feu et, sans reculer d'un pas, combat sous Buzenval, aux côtés de Clairin. Le jour passe, la nuit tombe, et la position n'est pas emportée. Un dernier effort, cependant, pourrait assurer la victoire, et voilà que la retraite sonne au bas du coteau; il faut descendre, il faut abandonner le terrain conquis, fouler aux pieds nos morts dont le sacrifice reste inutile. Regnault pleure de rage et ne veut pas suivre la retraite; il se résigne à obéir, cependant, et dit à Clairin : « Il me reste une cartouche, je la brûle et je reviens. » A la lueur des derniers coups de feu, il s'enfonce dans l'ombre grandissante et on ne le revit que mort, frappé d'une balle au front.

Pendant un jour et une nuit Clairin parcourut le champ de bataille, retournant les morts, explorant les fossés et refusant de croire à la nouvelle qui circulait dans le camp. Le lendemain, il ne pouvait plus douter : un écrivain et un peintre promis à une belle carrière et qui, eux aussi, faisaient alors leur devoir de soldat, MM. Jules Claretie et Carolus Duran, avaient vu le cadavre. Enfin, cinq jours après, Clairin le retrouvait au Père-Lachaise et faisait la dernière toilette de son ami, encore couvert des feuilles mortes sur lesquelles il était tombé et de la boue sanglante du champ de bataille; puis, au son des tambours voilés et d'une marche funèbre de Saint-Saëns composée pour lui, ses camarades, en tenue de combat, lui rendaient les honneurs militaires, tandis qu'à Rome le sculpteur Mercié, sous le coup de la nouvelle qui consternait les pensionnaires de l'Académie de France, faisait jaillir de la glaise l'esquisse de son *Gloria victis*.

Je n'ajoute rien, Messieurs, à ce récit d'une belle vie et d'une mort plus belle encore. En les commentant, je ne pourrais qu'en affaiblir l'impression. J'emprunte donc à Regnault lui-même la leçon que nous devons en tirer. Plusieurs fois, au cours d'une jeunesse ardente, pleine de force et d'espoir, il avait eu la pensée d'une fin prématurée : « Il est écrit, disait-il, que je mourrai de mort violente. » Cependant, avec une volonté libre et forte, il acceptait la destinée, quelle qu'elle fût, et il allait au combat avec une tranquillité souriante. Peu de jours avant Buzenval, il avait écrit sur son carnet militaire une profession de foi qui devait être son testament : « Nous avons perdu beaucoup d'hommes; il faut les refaire et meilleurs et plus forts. La leçon doit nous servir. Ne nous laissons pas amollir par des plaisirs faciles. La vie pour soi seul n'est plus permise. Il était, il y a quelque temps, d'usage de ne plus croire à rien qu'à la jouissance et à toutes les passions mauvaises. L'égoïsme doit fuir et emmener avec lui cette fatale gloriole de mépriser tout ce qui était honnête et bon... Aujourd'hui, la République nous commande à tous la vie pure, honorable, sérieuse, et nous devons tous payer à la patrie et, au-dessus de la patrie, à l'humanité libre, le tribut de notre corps et de notre âme. »

Jeunes gens, c'est ici, dans les leçons de ses maîtres, que Regnault a puisé l'inspiration de ces nobles paroles. Notre Université est une conseillère de patriotisme et de grandeur d'âme; elle aime profondément la France et vous apprend à l'aimer; c'est son premier devoir et sa plus constante préoccupation. Il songeait à l'avenir, le jeune héros, lorsqu'il écrivait cette page suprême, où passe comme un écho de Tyrtée; page digne d'une âme spartiate ou athénienne, digne d'un Vauvenargues ou d'un Alfred de Vigny, de tous ceux qui ont eu le culte de l'honneur militaire et l'amour passionné de la patrie en armes; par conséquent, il songeait à vous, ses futurs camarades, qui continuerez notre œuvre et achèverez de faire une France libre, forte et glorieuse. Ces dernières lignes qu'il ait écrites vous sont un legs; je vous les rappelle et je vous les confie.

APPENDICE

NOTE COMMUNIQUÉE PAR M. JODIN, PROFESSEUR AU LYCÉE LOUIS-LE-GRAND, ANCIEN CONDISCIPLE D'HENRI REGNAULT AU LYCÉE NAPOLÉON [1].

ENRI REGNAULT avait un caractère très gai et très ouvert. Excellent camarade, espiègle souvent, jamais mauvais plaisant. Le sculpteur Degeorge, qui a exécuté son buste pour l'École des beaux-arts, a donné à sa physionomie une expression un peu trop dure, à ce qu'il me semble. L'expression véritable était beaucoup plus douce ; mais les beaux yeux bleus n'en étaient pas moins intelligents.

1. Le lycée Henri IV a reçu alternativement les noms de Napoléon, Corneille et Henri IV.

Dès son entrée au lycée, il aimait à illustrer ses cahiers de brouillons. Quand j'étais en sixième, il venait parfois aux récréations qui avaient lieu en étude et nous montrait des chevaux et des bonshommes coiffés de casques, sans doute les héros du *De Viris*, qu'il expliquait avec son professeur, M. Balmelle. Déjà, avec notre importance d'élèves de sixième, nous lui prédisions de hautes destinées; mais, à cette époque, il savait déjà qu'il serait peintre et le disait (1853 ou 1854, peut-être ai-je fait une erreur d'une année).

En rhétorique il était nouveau comme j'étais vétéran — (M. Lenient, rhétorique latine; M. Didier, rhétorique française). Il était bon élève, régulier, sinon très appliqué; il avait de bonnes places, mais sa pensée était ailleurs. Un graveur à l'eau-forte payerait sans doute fort cher une foule de dessins à la plume qu'il faisait à cette époque : Périclès réveillant Alcibiade endormi entre les bras d'Aspasie (je me rappelle ce sujet parce que j'avais protesté contre l'inexactitude historique), et toute une série d'illustrations sur les Élégies d'André Chénier, notamment sur la *Lampe* (XXXVII). J'ai vu du reste peu de ces dessins. M. Didier en confisqua un jour quelques-uns, se fâcha : Camille était trop peu vêtue ; mais il garda, je crois, les dessins. Où sont-ils? Du reste, il ne se gênait pas pour dire que Henri Regnault était excusable d'ètre un peu amateur, tout en étant bon élève. « Il sera très supérieur à beaucoup d'autres peintres qui empruntent à l'antiquité les sujets de leurs tableaux et ne la connaissent que par des traductions, et encore quand ils en lisent. » Paroles presque textuelles de M. Didier.

Cette même année, j'avais tout lieu de compter sur un prix de vers latins (le second, car notre premier, Filon, était invincible). M. Lenient nous donna comme sujet : *le Charmeur de serpents*. Regnault fit une pièce charmante; il savait dérouler les serpents et les enrouler *(lubrica convolvit terga);* le chatoiement des écailles de différentes couleurs était très bien rendu. Si le versificateur avait été bon, le peintre ne lui avait pas été nuisible. M. Lenient fut enchanté. Regnault fut-il le premier, fut-il le second ? Je ne sais, mais il eut le second prix des nouveaux et me rejeta au premier accessit des vétérans.

Il échoua plusieurs années au concours pour le prix de Rome qu'il finit par obtenir avec une œuvre jugée alors remarquable; le sujet était celui-ci, je crois : *Thétis apportant à Achille de nouvelles armes*.

NOTE COMMUNIQUÉE PAR M. GRÉARD, DE L'ACADÉMIE FRANÇAISE, VICE-RECTEUR DE L'ACADÉMIE DE PARIS, ANCIEN PROFESSEUR AU LYCÉE NAPOLÉON.

Henri Regnault réussissait surtout en version et dans les devoirs d'imagination. Mais il fallait que le sujet lui plût. Un texte de traduction trop aisé ne lui disait rien; il s'y laissait aller à des erreurs que ne commettaient pas ses plus médiocres camarades; au contraire, pour peu qu'il fût stimulé par la difficulté, il avait des intuitions d'une pénétration rare. De même pour les vers latins qu'il aimait : un vers plat chez lui était presque toujours marqué d'une faute de quantité; dès qu'il était en veine, l'idée jaillissait, l'épithète se colorait, la période se développait avec une ampleur superbe. Heureux ou non dans le détail, il se distinguait toujours par des mérites d'ordre et d'ensemble : il savait composer. De tous les exercices de la classe, l'explication était celui qui l'attachait le plus. Lorsqu'il la dirigeait, il s'y passionnait. Quand c'était le tour des autres, il avait parfois des distractions prolongées : à son regard absorbé on devinait que son esprit s'était arrêté à une pensée qu'il suivait. Je l'ai rarement vu prendre la plume ou le crayon; mais, le soir ou le lendemain, il apportait quelques croquis qui traduisaient sa rêverie. C'est ainsi qu'à la suite d'une explication de Tacite il fit un jour une *Mort de Vitellius* qui n'était pas indigne du modèle : je l'ai conservée. Après la classe, il aimait à causer de ce qui l'avait frappé. Sa conversation était charmante, pleine d'imprévu, très gaie le plus souvent, semée quelquefois de réflexions graves, presque tristes, qui la traversaient comme un nuage. Il a longtemps conservé un caractère jeune, et dès quinze ans il avait le jugement mûr. L'esprit était dans les choses ce qui le touchait le moins. Il goûtait Virgile plus qu'Horace. Ses préférences étaient pour Lucrèce. Quelle avait été la source de cette poésie profonde? Où et comment Lucrèce s'était-il formé? Il m'a posé bien des fois cette question. Il lisait Homère et la Bible pour son plaisir, sans suite, un peu comme il faisait toutes choses, mais en y revenant toujours. Il n'a jamais pardonné à Lamartine d'avoir mal parlé de La Fontaine. Certaines pages de Victor Hugo le transportaient: il se les récitait tout haut à lui-même; j'en ai, disait-il, les yeux, les oreilles, le cœur tout pleins.

LETTRE DE M. H. BAILLON, PROFESSEUR A LA FACULTÉ DE MÉDECINE DE PARIS, ANCIEN PROFESSEUR AU LYCÉE NAPOLÉON.

Paris, le 15 juillet 1889.

Monsieur,

J'AI, en effet, beaucoup connu, au lycée Napoléon, le jeune Henri Regnault, remarquable par son intelligence et son heureux caractère. Gai, un peu léger, rieur et franc, il ne considérait guère l'étude des sciences que comme un passe-temps. Toutes ses préférences étaient déjà pour le dessin. Souvent il remplaçait un devoir par un croquis, et il en faisait déjà de très curieux et de très mouvementés. Quand il ne savait pas très bien sa composition, et cela lui arrivait quelquefois, je l'autorisais volontiers à la dessiner. Et c'était alors, dans bien des circonstances, un amalgame de croquis fantaisistes et de contours dans lesquels on reconnaissait déjà une certaine fermeté de lignes et un grand désir d'arriver à l'originalité.

Mon préparateur avait recueilli quelques-uns de ces essais, qui auraient aujourd'hui un certain intérêt de curiosité et probablement quelque valeur. Mais le préparateur est mort comme l'élève, hélas! MM. X... et Z..., peintres bien connus aujourd'hui, ont été les condisciples de Regnault; ils partageaient ses goûts, mais, dès lors, on pouvait deviner qu'il leur serait supérieur. L'allure du cheval de Prim était déjà pressentie dans quelques-uns de ses croquis de chevaux, qu'il aimait à représenter dans des postures un peu difficiles et cherchées.

J'ai plusieurs fois, depuis lors, rencontré le jeune artiste. La dernière fois, c'était au Théâtre-Français, vers l'époque du plébiscite qui devait lui être, indirectement, si funeste. Il avait toujours sa bonne humeur, devenu plus libre de langage et de manières. Il se traçait alors un plan de travail pour ses voyages et même pour l'ensemble de sa carrière. Vous savez son enthousiasme de coloriste pour les restes mauresques de Grenade. Il voulait continuer ces études...

Il y a un homme qui a été, comme moi, le professeur de Henri Regnault à Napoléon et qui l'aimait beaucoup. Vous en pourriez tirer quelques renseignements. Je parle de M. V. Duruy, ancien ministre de l'instruction publique.

En fait d'histoire naturelle, Henri Regnault n'a laissé, je crois, que des dessins de géologie. Il s'était appliqué à reproduire les roches mouvementées des environs d'Alicante. Vous en trouveriez un beau spécimen dans la galerie de minéralogie du Muséum d'histoire naturelle.

Agréez, Monsieur, etc.

H. Baillon.

LETTRE DE M. CH. LENIENT, PROFESSEUR A LA FACULTÉ DES LETTRES DE PARIS, ANCIEN PROFESSEUR AU LYCÉE NAPOLÉON.

Paris, 25 juillet 1889.

Mon cher ami,

. . . .

Je n'ai vraiment ni le loisir ni la liberté d'esprit nécessaires pour vous fournir au complet les indications que vous me demandez. Tout ce que je puis vous dire d'Henri Regnault, que j'ai beaucoup connu en effet et beaucoup aimé, comme un de ces enfants gâtés dont s'éprennent parfois les vieux maîtres, c'est qu'il était bien le fils de la jeunesse et de la fantaisie, nature vive, pétulante, prime-sautière, avec des frasques d'artiste et de poète un peu gamin, cultivant le vers latin comme avait fait jadis Alfred de Musset sur les mêmes bancs, traitant volontiers en dessin le sujet donné, avant de le mettre en vers. Il obtenait, en rhétorique, le 2e prix des nouveaux dans cette faculté qui plaisait à son imagination.

. . . .

. . . .

Charmant et cher enfant! Je le vois encore avec ses cheveux blonds et bouclés, venant me montrer l'esquisse de son concours pour le prix de Rome, me parlant avec enthousiasme du dernier tableau d'Ingres : *Jésus parmi les docteurs;* resté classique d'esprit malgré tout ce qu'il avait d'indépendant, de fougueux et de moderne, me disant qu'il partait pour l'Italie avec la Bible et Homère, ses deux compagnons de voyage. Il est vrai qu'il en rencontrait d'autres en chemin.

. . . .

. . . .

Recevez, mon cher ami, etc.,

C. Lenient.

LETTRE DE M. VICTOR DURUY, DE L'ACADÉMIE FRANÇAISE, ANCIEN MINISTRE DE L'INSTRUCTION PUBLIQUE, ANCIEN PROFESSEUR AU LYCÉE NAPOLÉON.

16 juillet 1889.
Villeneuve-Saint-Georges (Seine-et-Oise).

Mon cher Directeur,

EGNAULT fut, en effet, mon élève et je l'aimais beaucoup, quoiqu'il ne fût pas de ceux qui marchent régulièrement dans le rang. Souvent il me remit, au lieu d'une rédaction, un dessin au crayon qui reproduisait quelque scène historique racontée la veille. Je le vois encore me présentant après une page de Tacite lue en classe, la *Mort de Vitellius* retracée déjà avec une verve endiablée. Le triste empereur, entouré d'une foule hurlante, était traîné aux gémonies, une épée attachée sur la poitrine et dont la pointe lui perçait le menton, pour qu'il fût contraint de lever les yeux et de voir son supplice avant de le souffrir. C'était un vrai tableau que j'envoyai à son père, en lui prophétisant qu'un véritable artiste nous était né.

Le grand physicien eut la sagesse de ne pas contrarier cette vocation. Son fils alla à Rome, puis au Maroc, en Espagne, et Regnault revint de ces pays du Midi avec du soleil dans les yeux.

Je le retrouvai à Paris durant le siège ; son dernier coup de crayon fut un dessin de moi, en soldat de rempart, qui doit se trouver chez Mme Bréton-Hachette ou chez sa fille, Mme Vaudoyer. Quelques jours après eut lieu l'inutile sortie de Buzenval, et un soldat allemand tua le grand artiste, qui en tombant aurait pu dire avec vérité : *Qualis artifex pereo.* J'assistai en larmes à ses funérailles qui, au milieu de nos suprêmes douleurs, furent pour la patrie un deuil de plus...

. . . .

. . . .

V. Duruy.

LETTRE DE M. GEORGES CLAIRIN.

Mon cher ami,

VOICI, sans phrases ni grands mots, le récit que vous me demandez.

...Nous avions vingt-sept ans et nous menions une belle vie de voyages, avec tous ses côtés pittoresques et son imprévu : arrivées, départs, installations, emballages, déballages, etc. Survient la guerre. Nous étions à Tanger, formant de grands projets de travail et voulant vivre plusieurs mois dans le pays. Nous avions même acheté un terrain pour y faire construire un vrai atelier d'orientaliste. Les mauvaises nouvelles nous font remettre la construction à plus tard; nous disons au revoir au pays du soleil et nous voilà de retour à Paris. Regnault, comme grand prix, était exempté du service militaire; mais il n'admet pas cette excuse, et nous entrons dans les bataillons de marche.

Un beau jour, il disparaît : trouvant qu'on ne faisait pas assez de besogne chez nous, il s'était engagé dans les francs-tireurs. Il y resta peu de temps. Je crois que, là encore, il eut quelques désillusions. Enfin, nous voilà aux avant-postes. Il faut vous dire d'abord, afin que vous connaissiez bien mon pauvre Regnault, que c'était, en temps de paix, le plus charmant toqué qui fût au monde, faisant toutes les excentricités, plein de sève et d'ardeur, avec un besoin insatiable de vie et d'émotion, ne prenant au sérieux que son art. Avec la guerre, l'homme s'était transformé. Il voulait faire son devoir, *très bien*, mais il le faisait sans pose, avec beaucoup de simplicité et de gaieté. Au feu, il montrait le calme d'un vieux soldat. Lorsqu'il avait quelques heures à lui, il travaillait. C'est alors qu'il fit quelques aquarelles, très belles, dans un atelier que lui avait prêté Albert Goupil.

La bataille de Buzenval dura tout un jour, comme vous savez. Nous ne comprenions pas grand'chose à ce qu'on nous faisait faire, mais nous tirions avec conviction, plusieurs fois lancés contre le mur du parc, mais ne pouvant arriver jusque-là. Vers cinq heures du soir, on nous fit redescendre près du château. Regnault était furieux, d'autant plus que la position était mauvaise et qu'on nous tuait du monde inutilement. On attendait des ordres qui ne venaient pas. Au bout d'un moment, Regnault me dit : « Il me reste encore une cartouche ; je ne veux pas rentrer avec une balle dans ma giberne, je vais par là et je reviens. »

Je ne le revis plus.

Ce qui se passa depuis, mon cher ami, ce sont mes faits et gestes; inutile de vous en parler. Regnault était mort. Il emportait la moitié de moi-même ; voici tout ce que je puis vous dire.

Six jours d'angoisse, pendant lesquels je fis toutes les démarches possibles pour le retrouver. Il avait été porté au Père-Lachaise, dans une prolonge. Que j'en ai vu passer de ces horribles voitures, semblables à ces charrettes de boucher qui laissent pendre des membres sanglants ! Le nom de Regnault était écrit dans sa capote, avec l'adresse où on devait le transporter, en cas d'accident. Le troisième jour après Buzenval, un médecin parcourant le champ de bataille avait vu un cadavre de garde national de marche, la face tombée sur un tas de feuilles mortes, le corps roulé dans le fossé d'une route. Les mains fines du mort, sa chevelure, sa jeunesse, l'avaient frappé. Il l'avait retourné et avait vu une tête superbe, avec un filet de sang le long de la joue : une balle l'avait frappé à la tempe. Il avait ouvert la capote, cherché dans les vêtements quelque indice pour le reconnaître et trouvé au cou une petite médaille suspendue à une chaînette d'or (c'était un cadeau de sa fiancée), puis l'indication écrite que je viens de vous dire. Il connaissait le nom de Regnault. Il prit donc la médaille, le képi, l'adresse et vint nous apprendre que Regnault était mort. Nous avions cru qu'il n'était que blessé ou prisonnier.

Revenons au Père-Lachaise. Pendant plusieurs heures, j'y cherchai le cadavre dans une sorte de grange qui servait de resserre pour les outils des jardiniers. Que de morts là dedans ! C'était horrible. Les pauvres cadavres ressemblaient à des sacs boueux, jetés les uns sur les autres. Enfin, j'aperçois dans un coin le bois blanc d'une bière, avec un paquet de vêtements à côté. Je fais glisser le couvercle et je vois mon pauvre ami, tout nu, la figure couverte de terre et de feuilles mortes. Je le lave et je moule sa tête, aidé de Barrias le sculpteur. Nous venions à peine de terminer, et nous respirions un peu d'air pur sur la porte de la grange, lorsque nous aperçûmes sa fiancée, qui montait la côte du cimetière, au bras de son père...

Nous le transportâmes à la Trinité, pour le service religieux. Tous ses amis, tous les survivants de sa compagnie s'y trouvaient. Saint-Saëns, un de ses intimes, tenait l'orgue et joua une « Marche funèbre pour l'enterrement d'un soldat », page superbe qu'il avait composée pour Regnault. La famille était absente : M. Regnault père était enfermé à Strasbourg, avec le reste de sa famille.

Voilà, mon cher ami, mes souvenirs. Regnault était un grand peintre ; et que de dons avec cela !

Il écrivait bien il était bon musicien. Par-dessus tout, c'était un grand cœur et une âme généreuse. Il ne pouvait voir un malheureux sans lui donner tout ce qu'il pouvait. Je ne crois pas que, de tous ceux qui l'ont connu, un seul ait autre chose à en dire que du bien...

Georges Clairin

PRIX ET ACCESSITS

Obtenus par Henri Regnault au lycée Napoléon

REGNAULT (ALEXANDRE-GEORGES-HENRI)
Né à Paris le 30 octobre 1843
Élève du lycée Napoléon de 1853 à 1860

1853-54. — *Septième.* — Professeur : M. BALMELLE.

2e Prix d'histoire et géographie.
1er Accessit de grammaire française.
1er — de récitation.
2e — de latin.

1854-55. — *Sixième.* — Professeur : M. BARROUX.

2e Prix de récitation.
2e Accessit d'histoire et géographie.
4e — de grammaire française.
4e — de latin.

1855-56. — *Cinquième.* — Professeur : M. Vérien.

1er Accessit de récitation.
2e — de grec.
4e — de thème latin.
5e — de français.

1856-57. — *Quatrième.* — Professeurs :
MM. Brosselard et Philippon.

1er Prix de récitation.
2e Accessit de thème latin.
3e — de version latine.
3e — d'histoire et géographie.
4e — de version grecque.
6e — de grammaire comparée.

En outre, au concours général des lycées et collèges de Paris, le 5e accessit de thème latin.

1857-58. — *Troisième.* — Professeurs :
MM. Pessonneaux père, V. Duruy,
Baillon, Eudes.

2e Prix de version latine.
1er Accessit de version grecque.
2e — de vers latins.
3e — de thème grec.
3e — de récitation.

1858-59. — *Seconde.* — Professeurs :
MM. Gréard, Dreyss, Baillon, Garcet.

1er Prix de narration latine.
1er — de récitation.
2e — de version grecque.
2e — de thème grec.
1er Accessit de version latine.
2e — de cosmographie.
4e — d'histoire et géographie.
6e — de chimie.

1859-60. — *Rhétorique.* — Professeurs :
MM. Lenient, Didier, V. Duruy, Baillon, Elwall.

1er Prix de version latine.
2e — de vers latins.
4e Accessit d'anglais.

Le Proviseur du lycée Henri IV,
Inspecteur d'académie honoraire,

L. Grenier.

NOTES

NOTES

I

P. 9. « ... un discours d'une inspiration si élevée... »

CENT *ans d'histoire de la langue française*, 1789-1889, discours prononcé par M. Monceaux, professeur de rhétorique.

II

P. 12. « Il m'a donc autorisé à vous promettre, en son nom, le buste d'Henri Regnault... »

PAR arrêté en date du 19 août 1889, M. A. Fallières, ministre de l'instruction publique et des beaux-arts, a décidé qu'un buste d'Henri Regnault, exécuté par M. J. Coulon, d'après celui de M. Degeorge (voir ci-après), serait placé au lycée Henri IV. Sur le désir exprimé par M. L. Grenier, proviseur du lycée, un arrêté du 25 septembre 1889 a mis à la disposition du même établissement le buste d'un autre de ses anciens élèves, Alfred de Musset, et en a confié l'exécution à M. J. Sul-Abadie, d'après celui de Mezzara, qui se trouve au foyer de la Comédie-Française. Ces deux bustes ont été érigés, en face l'un de l'autre, dans la cour d'honneur, par les soins de M. Manjot de Dammartin, architecte du lycée.

III

P. 12. « Vous verrez ici la tête charmante et fière... »

CEUX qui ont le mieux connu Regnault me disent que ses deux bustes, l'un par M. Degeorge, l'autre par M. Barrias, tous deux très beaux comme œuvres d'art, ne donnent pas et ne pouvaient guère donner une idée tout à fait exacte de sa physionomie. On a vu cette réserve expressément marquée plus haut dans la note de M. Jodin, et elle est implicitement contenue dans la lettre de M. Lenient. L'expression dominante dans l'un et dans l'autre des deux bustes est l'énergie mâle et dure du soldat, encore accentuée par le bronze, dont la matière et l'aspect ne se prêtent guère aux effets de douceur. Regnault avait les yeux bleu clair et les cheveux châtains, la voix douce et musicale, la main très fine ; il était de taille moyenne et l'élément nerveux dominait chez lui, plutôt que l'appareil musculaire. L'aspect général donnait une impression de force, mais surtout d'élégance et de finesse. Il aimait passionnément les exercices du corps, plutôt ceux qui exigent de la souplesse et du courage que ceux où la vigueur physique se déploie sans danger ; ainsi l'équitation, comme on le voit dans ses lettres de Rome, où il montait des chevaux très difficiles, les recherchant et abandonnant pour eux les mieux dressés, qu'il trouvait trop dociles.

Le buste exécuté par M. Degeorge surmonte le monument élevé dans la cour dite *du Mûrier,* à l'École des beaux-arts, en mémoire des élèves de l'école tués pendant la guerre de 1870-1871. Ce monument est le résultat d'une souscription ouverte avec le concours de l'Administration des beaux-arts, sur l'initiative de M. Eugène Guillaume, alors directeur de l'école. Le motif d'architecture est de M. Pascal ; *la Jeunesse,* de M. Chapu, charmante figure, devenue immédiatement célèbre, dépose au pied du buste une branche de laurier.

Le buste exécuté par M. Barrias surmonte une pyramide tronquée, élevée dans une allée du parc de Buzenval, à l'endroit même où Regnault fut tué, c'est-à-dire à trente mètres environ du mur fameux où se brisèrent les assauts du 19 janvier.

IV

P. 17. « Il passait de longues heures au Jardin des plantes, devant les cages des fauves... »

Il conserva cette habitude et lui dut une aventure amusante, d'où il se tira avec beaucoup de sang-froid, mais qui aurait pu mal finir. M. Georges Clairin la raconte ainsi, dans une autre lettre qu'il a bien voulu m'adresser, après lecture du présent discours :

« ... Il arrivait un matin, à l'heure où l'on fait la toilette des fauves, et installait son chevalet à sa place habituelle, devant la ménagerie, dans le passage grillé qui sépare les cages de la grande allée, lorsqu'il entend pousser des cris. Le gardien avait laissé une porte ouverte et lui braillait éperdument : « Prenez garde à vous! Allez-vous-en! La tigresse est lâchée. » Regnault, déjà assis, lève la tête et voit, en effet, une tigresse, jeune et jolie, qui venait de s'engager dans le couloir. Il se dit que le plus prudent est encore de ne pas bouger et il attend. Vous saurez que Regnault, avec ses cheveux bruns frisés, avait un regard étrange : des yeux bleu clair sous une arcade sourcilière très profonde. La tigresse fait deux ou trois bonds de gaieté dans le passage et arrive devant lui. Regnault ne fait pas un geste, et voilà l'homme et la bête qui se regardent, face à face. Bientôt, la bête soulève sa large patte, la pose sur le bras de l'homme, puis la retire. Regnault fait mine de dessiner, la tigresse lui pose encore la patte sur le bras, et ce manège recommence toutes les fois que Regnault indique le même mouvement. Enfin, elle se couche près de lui. Ils restèrent assez longtemps ainsi, tandis que le gardien, armé de son balai, attendait le moment d'intervenir, sans trop de hâte. Cependant, Regnault sentait sa jambe s'engourdir ; il essaye de se lever, la tigresse s'effraye, lui donne un coup de patte assez vigoureux pour le faire rouler à terre et court d'elle-même se réfugier dans sa cage, tandis que Regnault ramassait sa boîte à couleurs et son chevalet... »

V

P. 17. « Au lycée, il chargeait de croquis les marges de ses livres. »

Charles Blanc écrit à ce sujet (*les Artistes de mon temps*, 1876, p. 349) : « Ses dispositions étaient si heureuses, si connues, que ses camarades lui apportaient leurs cahiers pour qu'il dessinât sur les marges tout ce qu'il imaginerait, et l'on m'a cité un lycéen, fort en thème et en coups de poing, qui avait fait interfolier ses livres de classe, et qui forçait le petit Regnault, sous peine de recevoir une *roulée*, à illustrer les fables de La Fontaine ou le *De Viris.* »

On peut exprimer un doute sur l'exactitude de cet on-dit, où je verrais, avec une histoire innocemment imaginée sur une banalité conventionnelle de la vie de collège, une faute de goût plus regrettable. D'abord, il est probable que le *De Viris* et le La Fontaine interfoliés avec tant de prévoyance par le lycéen collectionneur auraient laissé quelque trace, et il n'en existe aucune dans le catalogue de l'œuvre de Regnault, dressé par MM. Henri Cazalis (*Henri Regnault, sa vie et ses œuvres*, 1872) et Arthur Duparc (*Correspondance de Henri Regnault*, 1872). En outre, sans vouloir faire de Regnault enfant un Du Guesclin intrépide et batailleur, on éprouverait quelque répugnance à trouver dans le futur soldat de Buzenval un collégien aussi docile à satisfaire, par crainte d'une *roulée*, les exigences d'un camarade brutal. J'ai donc consulté à ce sujet les condisciples de Regnault au lycée Napoléon : d'après eux, il avait, dès la première jeunesse, une énergie, un courage et une volonté tout à fait extraordinaires; ils n'ont aucun souvenir du camarade en question.

VI

P. 20. « Plus je lis l'antiquité.... »

Ce fragment de lettre et ceux qui vont suivre sont empruntés à l'ouvrage de M. Arthur Duparc, *Correspondance de Henri Regnault annotée et recueillie*, 1872, p. 19 (à M. Emmanuel des Essarts, janvier 1865), p. 18 (à M. Stéphane Mallarmé, 2 janvier 1865), p. 384 (à son père, 12 août 1870), p. 399 (au capitaine Steinmetz, 18 janvier 1871), p. 248 (à son père, 16 février 1869), p. 398 (note écrite sur son carnet).

VII

P. 20. « ... l'Ecole des beaux-arts et l'atelier... »

Son premier maître de peinture fut Lamothe, mort en 1869, lui-même élève d'Ingres et de Flandrin. Peintre religieux, Lamothe a rempli les églises parisiennes de concencieuses et médiocres compositions dans le goût de ses maîtres, c'est à dire dénotant le respect du dessin et la crainte des colorations trop vives, sans le talent supérieur qui domine l'insuffisance des théories exclusives. Regnault le respectait, s'en plaignait quelquefois et finit par se dégager de son influence, après avoir reçu de lui tout ce qu'un tel maître pouvait donner.

Les registres de l'École des beaux-arts portent qu'il fut admis dans la section de peinture, le 1er avril 1861, trente-cinquième sur quatre-vingts. Le 23 novembre de la même année, il obtenait une mention au concours de perspective. Le 17 mai 1862, il était admis, comme quatrième logiste, à prendre part au concours pour le grand prix de Rome; le 17 septembre suivant, il obtenait une mention avec ce sujet : *Coriolan cède aux prières de sa mère.* Quand survint le décret du 13 novembre 1863, instituant des ateliers à l'école, Regnault entra dans celui de Cabanel. Admis, comme premier logiste, le 21 avril 1865, au concours pour le grand prix, il n'obtint aucune récompense pour un *Orphée aux enfers.* Le 20 avril 1866, il prenait part au concours comme neuvième logiste, et remportait le premier grand prix, le 11 août suivant, avec ce sujet : *Thétis apporte à Achille les armes forgées par Vulcain.*

Ses premiers envois au Salon annuel, deux portraits, l'un d'homme, l'autre de jeune fille, sont de 1864, nos 1609 et 1610 du livret.

VIII

P. 22. « Si j'avais à apprécier complètement le talent de Regnault..... »

JE n'y songe pas plus dans ces notes que dans les pages qu'elles accompagnent. Il me suffira de préciser ici ce que j'ai dû me contenter d'indiquer plus haut.

Regnault fut un peintre de premier ordre, qui n'eut pas le temps de donner toute sa mesure, avec des qualités éminentes qui auraient grandi encore et d'assez graves défauts qu'une plus longue pratique de son art eût certainement atténués, peut-être corrigés complètement. Il apportait une note nouvelle et, s'il ne fut pas un chef d'école, il indiqua, du moins, une direction que d'autres ont suivie, en allant plus avant.

Son plus grand mérite, ce fut d'être en même temps un dessinateur et un coloriste ; dessinateur très consciencieux et très habile, servi par un œil et une main également bien doués ; coloriste épris de la lumière et de l'éclat, profondément ému par ce qu'il voyait et sachant faire passer toute son émotion sur la toile. A ces dons il joignait une imagination dramatique, féconde, puissante, à la fois artiste et lettré, observateur philosophe qui savait mettre une âme dans une physionomie, un temps et une race dans une scène, un pays dans un paysage. Rien de plus injuste que de classer parmi les tableaux anecdotiques son *Exécution à Grenade*, par exemple ; c'est de l'histoire, mais je comprends que les simples faiseurs ou amateurs de *morceaux* soient impatientés par une pareille toile : elle les gêne dans leurs préférences ou leurs théories.

La rançon d'une de ses principales qualités, l'amour de la couleur, ce fut d'être ébloui par elle, au point de ne voir qu'elle, crue, violente, étalée par plaques, sans transitions, par suite sans modelé. En un mot il lui manquait le sens des *valeurs*, c'est-à-dire de l'importance plus ou moins grande que gagnent ou perdent les couleurs par leur juxtaposition. Il n'avait pas encore reconnu cette vérité que les plus grands coloristes, comme Véronèse, par exemple, nous ont laissé des tableaux dont l'aspect général est éclatant, sans que chaque couleur examinée à part soit très vive. (On peut voir les raisons scientifiques et esthétiques de ce fait dans le travail fameux de Chevreul, *De la loi du contraste simultané des couleurs et de l'assortiment des objets colorés*, 1839 ; et dans la *Philosophie de l'art* par M. H. Taine, 1881, troisième partie, I, 3, et septième partie, III, 3.) L'œil en effet procède d'abord par synthèse l'analyse ne vient qu'après; il ne voit le détail qu'après l'ensemble et ne peut juger celui-là que par rapport à celui-ci. Regnault suivait la marche opposée, ou, du moins, avait-il une forte tendance à la suivre.

De là l'impression que produisirent d'abord ses meilleurs tableaux sur de bons juges et qu'ils ont produite de plus en plus : ils manquaient de relief et de perspective, comme *la Salomé,* qui, assise devant une tenture jaune, semble appliquée contre cette tenture; comme le nègre de l'*Exécution à Grenade,* dont la jupe blanche ne laisse guère deviner la continuation des jambes nerveuses qui en sortent.

En outre, ses vives couleurs se sont éteintes avec le temps; et certains de ses tableaux, au lieu de gagner du relief, ont perdu le peu qu'ils avaient, comme il arrive toujours à ceux où les valeurs ne sont pas exactement étudiées et dont le coloris a été surtout obtenu par des moyens matériels. Regnault, en effet, ne trouvait jamais assez éclatantes les couleurs que lui offrait le commerce; il achetait les plus vigoureuses et — au lieu de consulter son père, l'éminent chimiste, qui l'eût certainement mis en garde contre les graves dangers que les progrès de la chimie font courir à la peinture contemporaine en lui offrant une vaste série de couleurs décevantes, et sans solidité, qui ternissent, s'altèrent, se pénètrent mutuellement et condamnent les tableaux à une courte durée — il cherchait au hasard, partout, en France, à l'étranger, des couleurs immédiatement brillantes.

Mais ces réserves théoriques et ce déchet matériel n'empêchent pas Regnault de garder dans l'école française un rang très voisin du premier comme valeur propre de l'artiste, et comme novateur de marquer sa place en tête des progrès qui ont préparé l'évolution de la peinture contemporaine. Il a aimé et observé la vérité; il a fait grand en faisant vrai.

IX

P. 23. « ... Adressez-vous aux maîtres qui ont jugé chacune de ses œuvres dès leur apparition et aux écrivains attirés par cette noble figure... »

En dehors des œuvres, dont la plus grande partie est restée dans les musées de France (École des beaux-arts, Louvre, Luxembourg, Marseille, Lille, maison de la Légion d'honneur, à Saint-Denis), on ne saurait trop conseiller la lecture du livre que M. Arthur Duparc a tiré des lettres de Regnault et qu'il a modestement intitulé : *Correspondance de Henri Regnault, annotée et recueillie*, 1872. Regnault écrivait à sa famille et à ses amis de longues lettres où son caractère, l'idée qu'il se faisait de son art, ses impressions de Rome, d'Espagne et d'Afrique se retrouvent avec une vigueur et un éclat dignes d'un écrivain de profession. Ce n'est pas du Fromentin : il y a de la surabondance, un excès de fougue juvénile, des à peu près de pensée et d'expression ; au demeurant, ce sont des documents de premier ordre, où la forme vaut le fond. Telle histoire d'un de ses tableaux, le double récit d'une dangereuse chute de cheval, l'aspect extérieur de la révolution espagnole en 1868, etc., sont des morceaux charmants par la vérité et la vivacité de l'impression, la bonne humeur du récit, le choix des détails topiques. On devine que M. Duparc a dû, plusieurs fois, modifier la forme de ces lettres, en atténuant, élaguant, etc.; mais c'était, sans doute, une nécessité inévitable. Il y a joint un texte qui est plus qu'un commentaire, et qui formerait à lui seul un petit livre très remarquable par le sentiment qui l'inspire, l'élégante simplicité de sa forme et son absence d'engouement, d'hyperbole ou de prétention, très rare en de pareils sujets.

Au fur et à mesure que paraissaient les divers tableaux de Regnault, Théophile Gautier et Paul de Saint-Victor les appréciaient avec beaucoup d'attention et de détail. Il inspirait au premier un enthousiasme croissant; le second se montrait de plus en plus froid, tantôt exprimant de légitimes réserves, tantôt sévère jusqu'à l'injustice et au dénigrement.

Après sa mort, à l'occasion de l'exposition de ses œuvres ou de l'inauguration du monument de l'École des beaux-arts, Charles Blanc et Louis Veuillot, MM. Paul Mantz, Jules Claretie, Timbal, Ph. Burty, Roger Ballu, Henri de Chennevières, René Delorme, Frantz Jourdain, etc., lui consacraient des articles ou notices plus ou moins étendus et qui ont tous leur intérêt. MM. Henri Baillière, Henri Cazalis, Angellier, allaient jusqu'au livre. On trouvera le relevé des plus importants entre ces divers travaux à la fin de l'exacte et complète étude de M. Roger Marx, *Henri Regnault*, récemment publiée (1886).

TABLE

Maison Quantin
S.Benoit, 7. à

www.ingramcontent.com/pod-product-compliance
Ingram Content Group UK Ltd.
Pitfield, Milton Keynes, MK11 3LW, UK
UKHW021623260726
13994UKWH00003B/1046